EDICT DV ROY,

PORTANT CREATION EN TILTRE D'OFFICE formé d'vn Greffier Triannal & trois Maistres Clercs hereditaires en chacun Grenier à Sel de ce Royaume.

Verifié en la Chambre des Comptes le 27. Mars mil sixcens vingt trois, Et Cour des Aydes le 10. Auril, audit an.

A PARIS,
Par P. METTAYER, A. ESTIENE, & C. PREVOST, Imprimeurs ordinaires du Roy.
M DC. XXX.
Auec Priuilege de sa Majesté.

LOVIS par la grace de Dieu, Roy de France & de Nauarre, A tous presens & aduenir: Salut. Comme nostre principal dessein, en donnant la Paix à nos subjets, a esté de mettre fin aux incommoditez qu'ils ont souffertes par les logemens de nos armees, Nous auons aussi desiré d'arrester le cours des moyens extraordinaires, & de satisfaire aux despenses de nostre Estat, des fonds ordinaires de nos Finances: Mais ayant veu par l'Estat general des despenses faictes en l'annee derniere, par l'armemẽt, solde & entretenement de nosdites armees, qu'auec les moyens extraordinaires y affectez, & lesquels y ont esté entierement employez, Nous auons esté contraints de nous seruir par aduance de la plus grande partie de nostre reuenu de ceste annee: Et considerans d'ailleurs, Que pour faire executer & obseruer les conditions souz lesquelles nous auons donné la Paix, & affermir par ce moyen le repos public pour longues annees, Il est necessaire d'entrenir encores pour quelque temps vne bonne partie de nosdits gens guerre, Nous nous trouuons obligez d'auoir recours à de nouueaux moyens extraordinaires, Et entre plusieurs nous seruir de la creation & establissement d'vn Greffier Triannal en chacun Grenier à Sel de ce Royaume, & d'vn Maistre Clerc souz chacun des trois Greffiers desdits Greniers. SÇAVOIR FAISONS, Qu'apres auoir mis cet affaire en deliberation en nostre Conseil, assistez de la Royne nostre tres-honorée Dame & Mere, des Princes de nostre Sang, Officiers de nostre Couronne, & autres grands & notables personnages, Nous de leur aduis, & de nostre certaine science, pleine puissance & authorité Royale, Auons par nostre Edict perpetuel & irreuocable creé & erigé, creons & erigeons en tiltre d'office formé & hereditaire vn Greffier Triannal en chacun Grenier à Sel estably en nostre Royaume pour la vente & debit du Sel à nos subjets y ressortissans, afin que doresnauant ladite charge de Greffier soit exercee par les deux Greffiers ja establis & ledit Triennal presentement creé: Sçauoir, par chacun Greffier, son Commis, Procureur ou Fermier vne annee en trois, dont la premiere dudit Triannal sera la prochaine, commençant au premier iour des mois d'Octobre, ou Ianuier prochain, selon que commençent les annees des Fermes de nos Gabelles establies en nostredit Royaume. Et l'autre annee suiuante sera celle du Greffier qui a exercé l'annee passee. Et la troisiéme sera l'annee d'exercice du Greffier qui est à present en charge. Et en apres sera ledit exercice continué par lesdits trois Greffiers l'vn à la suitte de l'autre successiuement. Lequel Greffier Triennal iouyra en l'annee de son exercice des mesmes droicts de descente, & autres droicts, fruits, profits, reuenus & esmolumens que font lesdits Greffiers ja establis en l'annee de leurdit exercice. Cõme aussi de pareils gages qu'eux par chacun an qu'ils receuront par les mains des Fermiers: Ensemble de six sols trois deniers pour chacun minot de Sel qui se vendra & distribuera au Grenier & Chambre de son establissement, tant en exercice, que hors iceluy, à prẽdre & receuoir à chacune ouuerture de Grenier par ses mains en l'annee de son exercice & hors d'icelle de ses compagnons d'office, ou autres qu'il verra bõ estre, sans que ceux qui en feront la recepte soient tenus de nous en rẽdre compte, non plus que des droicts qui se leuent pour les autres officiers desdits Greniers, sur le Sel qui se distribue en iceux. Et pour indamniser les deux Greffiers anciens du preiudice qu'ils pourront receuoir par l'establissement du Greffier Triannal, en leur diminuant le tiers des droicts & reuenus dont ils iouyssent à cause de leur exercice, Nous voulons que par les acquereurs des offices de Greffiers Triannaux, ils soiẽt remboursez de ce qu'il leur appartiendra & sera ordonné, soit par nous en nostre Cõseil, ou par les Cõmissaires qui seront deputez pour l'execution du present Edict, apres auoir faict apparoir de la valeur desdits droicts & reuenus, & de la finance payee en nos coffres pour l'aquisition de leurs Greffes. Et outre, afin de rendre l'exercice desdits Greffes semblable à celuy de tous les autres Greffes des Sieges & Iurisdictiōs Royales de nostredit Royaume, Nous auōs par le present Edict creé & erigé en tiltre d'office formé & hereditaire, Trois Maistres Clercs en chacun desdits Greniers à Sel, qui est vn Maistre Clerc souz chacun desdits trois Greffiers, pour escrire les grosses ou extraicts de toutes les Sentences, Iugemens & autres actes qui se decerneront par les officiers des Greniers, Et que lesdits Greffiers faisoient escrire par les Clercs, ainsi que fōt les autres Clercs establis aux Greffes de nosdites Iurisdictions, & iouyr par les acquereurs desdits offices de Maistres Clercs en l'annee de leur exercice de la moitié de pareils droicts & esmolumēs dont ioüit le greffier: lesquels ils prendront sur les parties pardessus ceux dudit Greffier, que ne voulons souffrir aucune diminution, A la charge de vacquer bien & deüement par lesdits Clercs, leurs Cōmis, ou Procureurs à l'exercice de leurs offices, & satisfaire aux mesmes fraiz que lesdits

Clercs desdites autres Iurisdictions sont tenus par nos Edicts & Reglemens. A chacun desquels trois Cletcs, nous auõs attribué & attribuõs trois sols neuf deniers pour chacun minot de Sel qui sera vendu & distribué en chacun Grenier, & Chambre à Sel, pour les prendre & receuoir à l'ouuerture du Grenier ; ainsi & en la mesme forme & maniere que font lesdits Greffiers. Tous lesquels droicts par nous attribuez, tant audit Greffier Triannal, que ausdits Clercs, reuenans à dix-sept sols six deniers tournois pour chacun minot de Sel, Nous auons dés maintenant distraicts & separez de nos droicts de Gabelle qui se prennent & leuent à nostre profit sur le Sel qui se vend & distribue en chacun de nosdits Greniers, dont sera faict estat en nostre Conseil, suiuant lequel & la vente qui se fera esdits Greniers pendant le temps qui reste à expirer de chacune de nos Fermes des Gabelles : les Fermiers d'icelles demeurerõt d'autant quittes vers nous sur le prix de leur Ferme, & par chacun quartier de la somme à laquelle les attributions

butions ſe trouueront monter: ſans qu'auec ledit Eſtat & certificats deſdites vẽtes, il leur ſeroit beſoin de rapporter pour leur deſcharge autres lettres que le preſent Edict. Et aduenant le renouuellement des baux de noſdites Fermes, le prix de noſdits droits de Gabelle y declaré ſera diminué par iceux deſdites nouuelles attributions. A la vente deſquels offices de Greffiers Triannaux, & des trois Maiſtres Clercs ſera procedé par les Commiſſaires qui ſeront à ce par nous deputez, au plus offrant & dernier encheriſſeur, & les formes en tel cas requiſes gardees & obſeruees ſur les encheres, tiercemens ou doublemens, qui ſerõt mis pardeſſus le prix principal, qui ſera conſtitué par leſdirs Commiſſaires à chacun deſdits offices: Lequel prix ſe prendra ſur la vente & debit du Sel qui ſe faict ordinairement és Greniers & Chambres de leur eſtabliſſement, & les gages ou droicts que no⁹ leur attribuõs. Et ſeront les deniers des ventes & adiudications deſdits offices payez par les acquereurs és mains de tels de nos officiers comptables, qui ſera par nous ordonné, Et par ces quittances dans le tẽps que lesdits Commissaires leur ordonneront, sur lesquelles serõt expediez & deliurez ausdits acquereurs les actes & cõtracts d'adiudication, Pour en vertu d'iceux estre mis & instalez en la possession desdits offices, ensẽble leurs Procureurs ou Fermiers : Et en iouyr par eux, leurs hoirs, ou ayans cause, aux droicts susdits, cõme de leur propre chose, vray & loyal acquest, desquels ils ne pourront estre depossedez qu'en les rembourçant cõptant, & à vn seul & actuel payement, des deniers qu'ils auront payez, tant en nos coffres, qu'aux proprietaires des deux offices de Greffiers anciens, pour leur indamnité de la diminution dudit tiers des droicts & esmolumẽs de l'exercice de leurs Greffes, ensemble de leurs fraiz & loyaux cousts. Promettant en foy & parole de Roy, auoir pour agreable, tenir ferme & stable à tousiours, ce qui sera faict & ordõné par lesdits Commissaires en vertu des presentes.

Si donnons en mandement à nos amez & feaux Conseillers les gens tenans nos Chambres des Comptes, &

Cours des Aydes à Paris, Presidens, Tresoriers de France & generaux des Finances des Generalitez de ce Royaume, Que chacun endroit soy, & comme à luy appartiendra, ils facent lire, publier & registrer nostre present Edict, & le cõtenu en iceluy inuiolablement garder & obseruer, sans permettre qu'il y soit contreuenu en aucune sorte & maniere que ce soit : faisans cesser tous troubles & empeschemens au contraire, Nonobstant tous Edicts, Declarations, Reglemens, oppositions ou appellations quelsconques, la cognoissance desquelles, si aucunes interuiennent, Nous auons retenuë & reseruee à nous & à nostre Cõseil, & icelle interdicte à toutes nos autres Cours & Iuges: Car tel est nostre plaisir. Et afin que ce soit chose ferme & stable à tousiours, Nous auons faict mettre & apposer nostre seel à ces presentes.

Donne'à Paris au mois de Feurier, l'an de grace mil six cens vingt-trois. Et de nostre regne le treiziesme. Signé, Lovis. Et plus bas, Par le Roy, De Lomenie. Et seellé sur double queüe du grand seel de cire verte, pendant en lacs de soye verd & rouge.

Leu, publié & registré en la Chambre des Comptes, ce requerant le Procureur General du Roy, pour estre les deniers qui en prouiendront employez aux vrgens affaires de sa Majesté de la presente année, sans qu'ils puissent estre diuertis ailleurs, ny receus par autres que par vn Officier comptable, qui sera tenu d'en compter par vn compte particulier & separé. Et faire recepte entiere en iceluy, tant des deniers entrez aux coffres de sadite Majesté, que de ceux ordonnez par ledit Edict estre payez aux Greffiers anciens & alternatifs, opposans pour leur indamnité, Et sans preiudice de leur opposition, pour laquelle ils se retireront par deuers le Roy en son Conseil, pour leur estre pourueu, suiuant l'Arrest de ce faict, le vingt-septiesme iour de Mars, mil six cens vingt-trois.

Signé, GOBELIN.

Registré en la Cour des Aydes, Ouy le Procureur General du Roy, suiuant & aux charges portees par l'Arrest du iourd'huy. A Paris le dixiesme iour d'Auril, l'an mil six cens vingt-trois.

Signé, DV PVY.

EXTRAICT DES REGISTRES de la Cour des Aydes.

VEV par la Cour les Lettres patentes du Roy en forme d'Edict, donnees à Paris au mois de Feurier dernier. Signees, LOVIS. Et au dessouz, Par le Roy, DE LOMENIE. Et seellees de cire verte sur lacs de soye rouge & verte, Portant creation en tiltre d'office formé d'vn Greffier Triannal en chacun Grenier à Sel estably en ce Royaume, & de trois Maistres Clercs en chacun d'iceux, qui est vn Maistre Clerc souz chacun des trois Greffiers, pour iouyr des gages, droicts & attributiõs au long exprimees par lesdites Lettres en la Cour addressantes pour la verification. Conclusions du Procureur general du Roy : Et tout consideré, LA COVR les Chambres assemblees, A ordonné & ordonne que tres-humbles remonstrances seront faictes au Roy sur ledit Edict. Faict à Paris en la Cour des Aydes le quatriesme iour d'Auril mil six cens vingt-trois.

Signé, DV PVY.

LOVIS par la grace de Dieu, Roy de France & de Nauarre. A nos amez & feaux Cõseillers les gens tenãs nostre Cour des Aydes à Paris, Salut. Nous auons veu & consideré en nostre Conseil vostre Arrest du quatriesme du present mois, donné sur la presentation de nostre Edict du mois de Feurier dernier, portant creation d'vn office de Greffier Triannal, & de trois Maistres Clercs en chacun Greffe des Greniers à Sel de nostre Royaume, & ouy les deputez de vostredite Cour en leurs remonstrances, que nous auõs prises en bonne part: Mais cõme les principales raisons qui nous ont esté par eux representees ayent esté par nous preueües, cõsiderees & pesees auant l'expedition de nostredit Edict, auec l'importance dont nous est le secours que nous esperons tirer de l'execution d'iceluy, pour employer aux despenses necessaires pour l'establissemẽt de la Paix de nostre Estat, dont nos subjets de toutes conditions doiuent receuoir le fruict: Aussi ne peuuent-elles maintenant produire autre effect que de nous faire cognoistre vostre zele & affe-ction au bien de nos affaires & seruice, sans nous desmouuoir de la resolution que nous auons prise de faire promptement executer nostredit Edict, ainsi que nous auons faict entẽdre à bouche à vosdits deputez. A CES CAVSES, de l'aduis de nostredit Conseil, & de nostre certaine sciẽce, pleine puissãce & auctorité Royale, Nous vous mandons, cõmandons & tres-expressemẽt enjoignõs par ces presentes, signees de nostre main, qui vous seruiront de Iussions & commandemens que vous pourriez attẽdre de nous sur ce sujet, Que sans vous arrester ny auoir esgard à vostredit Arrest du quatriesme du present mois, cy auec nostredit Edict attaché souz le contreseel de nostre Chancellerie, ny aux clauses motiues d'iceluy, Vous ayez toutes choses postposees & cessantes, à proceder à la publication & enregistrement pur & simple de nostredit Edict, sans y faire, ny vser d'aucune restrinctiõ, ny modificatiõ, refus, remises ny difficulté. Mandons & enjoignõs à nostre Procureur general en nostredite Cour, tenir la main à l'executiõ des presentes, & faire à ceste fin toutes les instāces, poursuites & requisitiōs necessaires, & nous en aduertir de iour à autre du deuoir qui y aura esté faict: Car tel est nostre plaisir, nonobstant vostredit Arrest, & toutes choses à ce contraires. DONNE' à Fontainebleau le septiesme iour d'Auril, l'an de grace mil six cēs vingt-trois. Et de nostre regne le treiziesme. Signé, LOVIS. Et plus bas, Par le Roy, DE LOMENIE. Et seellee.

Registré en la Cour des Aydes, Ouy le Procureur general du Roy, suyuant & aux charges portees par l'Arrest du iourd'huy. A Paris le dixiesme iour d'Auril, mil six cēs vingt-trois.

Signé, DV PVY.

EXTRAICT DES REGISTRES de la Cour des Aydes.

VEV par la Cour les Chambres assemblees, les Lettres patentes du Roy en forme d'Edict, donnees à Paris au mois de Feurier mil six cens vingt-trois dernier. Signees, LOVIS. Et plus bas, Par le Roy, DE LOMENIE: Et seellees de cire verte, sur lacs de soye rouge & verte, Portās creatiō en tiltre d'office

fice formé d'vn Greffier Triannal en chaçun Grenier à Sel estably en ce Royaume,& de trois Maistres Clercs en chacun d'iceux; qui est vn Maistre Clerc souz chacun des trois Greffiers, pour en iouyr, ensemble des gages, droicts & attributions y mentionnees, aux charges portees par ledit Edict. Arrest de ladite Cour du quatriesme iour du presẽt mois d'Auril, Par lequel elle auroit ordonné que tres-humbles remonstrances seroiẽt faictes au Roy sur ledit Edict. Autres Lettres patentes de sa Majesté, donnees à Fontainebleau le septiesme iour dudit present mois d'Auril, signees, LOVIS. Et au dessouz, Par le Roy, DE LOMENIE. Et seellees sur simple queüe de cire iaune, portans Iussion & mandemẽt à ladite Cour, que sans s'arrester audit Arrest, elle eust à proceder à la verification & enregistrement pur & simple desdites lettres, sans y faire aucune modification, restrinction, refus, remises ny difficulte, Ouys en ladite Cour les sieurs premier President & Conseillers d'icelle deputez vers le Roy pour faire à sa Majesté lesdites remonstrances, Conclusions du Procureur general du Roy; Et tout consideré: La Covr du trés-exprés commandement du Roy plusieurs fois reïteré de bouche & viue voix, A ordonné & ordonne que lesdites Lettres en forme d'Edict seront registrees au Greffe d'icelle, pour en iouyr par lesdits nouueaux acquereurs desdits offices de droicts de Gabelles de dix-sept sols six deniers sur minot de Sel y mentionnez: A la charge neantmoins qu'ils ne pourront iouyr des esmolumens desdits offices en leur annee triannale, qu'au preallable l'indemnité des Greffiers anciens & alternatifs n'ayt esté liquidee & arbitree, & n'en ayent esté actuellement remboursez, & que les procez & differends qui interuiendront en execution dudit Edict, ne pourront estre traictez & terminez ailleurs qu'en ladite Cour, à laquelle la cognoissance en est attribuee par les Edicts & Ordonnances, verifiees par tout où besoing a esté. Faict à Paris en la Cour des Aydes les Chambres assemblees, le dixiesme iour d'Auril, mil six cens vingt trois.

Signé, Dv Pvy.

LOVIS par la grace de Dieu, Roy de Frãce & de Nauarre. A nos amez & feaux les sieurs de Cheury, Conseiller en nostre Conseil d'Estat, President en nostre Chambre des Comptes, & Intẽdant de nos Finances, Hotman sieur de Fontenay, aussi Cõseiller en nostredit Conseil d'Estat, & Thresorier de France à Paris, de Machault, Conseiller en nostre Cour des Aydes, & Bigot nostre Conseiller & Controolleur general de nos Gabelles, Salut. Par nostre Edict du mois d'Auril dernier, verifié où besoin a esté, Nous auõs creé & erigé des offices de Greffiers Triannaux & Maistres Clercs, tant anciens, alternatifs que Triannaux, en chacun Grenier à Sel de nostre Royaume, aux gages, functions & esmolumens y mentionnez, & auec attribution pour ceux de la Ferme de Lyonnois, dicte la part du Royaume, de dix-sept sols six deniers sur chacun minot de Sel, Assauoir, audit Greffier Triannal six sols trois deniers, & à chacun desdits Maistres Clercs, trois sols neuf deniers, Pour estre vẽdus herediairemẽt au plus offrãt & dernier encheriſſeur, en la forme & maniere accouſtumee. Et eſtant neceſſaire pour cet effect de cōmettre & deputer perſonne ſuffiſāte & capable, afin que nos en puiſſions prōptement recueillir le fruict que nous nous sōmes promis en la neceſſité de nos affaires. A CES CAVSES, Nous vous auons commis & deputé, cōmettons & deputōs par ces preſētes, pour par deux de vous en l'abſence des autres proceder par encheres, doublemēs & tiercemens, en la forme & maniere accouſtumee à la vēte en heredité deſdits offices de Greffier Triannal, & trois Maiſtres Clercs és Greniers à Sel de ladite Ferme de Lyonnois, Pour deſdits offices, gages & droicts y attribuez : Enſemble de la faculté d'y cōmettre perſonnes capables d'en faire l'exercice, par ceux qui s'en rendront adiudicataires hereditairemēt, leurs hoirs, ſucceſſeurs & ayās cauſe, du iour & datte de la finance qu'ils auront payee és mains de noſtre amé & feal Cōſeiller & Treſorier de nos parties Caſuelles Maiſtre Nicolas Seruient, ou du porteur de ſes quittances : Outre laquelle, leſdits acquereurs ſeront tenus payer vn sol pour liure du prix de leur adiudicacion, qui leur tiendra lieu de finãce ainsi que le principal: Moyennant quoy, leur seront par vous expediez les cõtracts de la susdite vente en heredité, que nous voulõs estre de tel effect, force & vertu, que s'ils estoiẽt faicts en nostre Conseil, sãs qu'il soit besoing aux acquereurs ny leurs successeurs ou ayans cause, d'obtenir sur iceux si bõ ne leur semble aucune prouisiõ ou ratificatiõ, ny payer aucune autre finãce ou marc d'or, dont nous les auons dispẽsez & dispensons par ces presentes, soit pour ladite premiere acquisition, successiõ, mutatiõ ou autrement, en quelque sorte & maniere que ce soit, & sans qu'ils puissẽt cy-apres estre depossedez qu'en les remboursant actuellemẽt & à vn seul payemẽt, tant de ladite finance principale, sol pour liure, que fraiz & loyaux cousts. Promettant en bõne foy & parole du Roy, auoir pour agreable & tenir ferme & stable tout ce qui aura esté par vous faict & negotié en executiõ des presentes, circonstãces & dependances sans souffrir ny permettre qu'il y soit contreuenu en aucune maniere. Et estãt necessaire de commettre personne suffisante & capable pour Greffier en la presente Cõmission deüement informez de la capacité, fidelité & experience de Maistre Iacques Bordier, nostre Conseiller, & receueur general des Gabelles de Lyonnois, Nous l'auõs cõmis & ordõné en ladite charge de Greffier, auec pouuoir d'y commettre en cas d'absence ou autre empeschemẽt: Auquel, & aux Huissiers, Sergens & autres personnes, qui seront employez à l'execution des presentes, sera par vous faict taxe desdits contracts, escritures, iournees & vacatiõs, selon que vous iugerez raisonnable en vos loyautez & consciẽces. Et pour vos iournees & vacations, il en sera faict taxe en nostre Conseil. De ce faire vous dõnons pouuoir, Cõmission & mandement special. Mandons à tous nos Iusticiers, Officiers & subjets qu'à vous en ce faisant ils obeyssent, & donnent confort & ayde si besoin est & requis en sont. Et à tous Huissiers & Sergens de faire pour l'execution de ce que dessus, circõstances & dependãces, tous exploicts requis & necessaires, sans pour ce demander congé, placet, visa ne pareatis: Nonobstant oppositions ou appellatiõs quelsconques, & sans preiudice d'icelles, pour lesquelles ne voulons estre differé, desquelles si aucunes interuiẽnent, nous auõs retenu & reserué à nous & à nostre Cõseil la cognoissance, & icelle interdicte & defendue, interdisons & defendõs à nos Cours de Parlemẽt, Chãbre des Cõptes, Cours des Aydes, Tresoriers de Frãce, & autres Iuges quelconques. Et pour ce que des presentes on pourra auoir affaire en plusieurs & diuers lieux, Nous voulons qu'à la copie d'icelles deüement collatiõnee, foy soit adioustee cõme au present original, Nonobstant aussi quelsconques Ordonnãces, restrinctiõs, mandemens, defenses, prise à partie, & autres choses à ce contraires: Car tel est nostre plaisir.

DONNE' à Fontainebleau le vingt-septiesme iour d'Auril, l'an de grace mil six cens vingt-trois. Et de nostre regne le treziesme. Et plus bas est escrit, Par le Roy, en son Conseil, Signé, BARDEAV. Et seellee sur simple queüe du grand seel de cire iaune.

Collationné aux originaux, par moy Conseiller & Secretaire du Roy,

www.ingramcontent.com/pod-product-compliance
Ingram Content Group UK Ltd.
Pitfield, Milton Keynes, MK11 3LW, UK
UKHW021119290826
14628UKWH00014B/3045

9 782329 579696